毕加索画传 1

PABLO

1. Max Jacob
2. Guillaume Apollinaire

［法］朱莉·比尔曼（Julie Birmant）编
［法］克莱芒·乌布雷（Clément Oubrerie）绘
罗莲 译

已经很久没有人关注过我了……

1. 俄语:"这里是毕加索的工作室"。
2. 俄语:"现在我们来参观达利空间"。

1900年的秋天，我的脸孔还不曾为全世界的艺术品收藏家所熟知。

新婚夫妇万岁！

太好了！

"美人费尔南德"，被毕加索画了不下一百次。

1900年秋天，在一棵大树下，我被迫与一个我不愿意嫁的男人举行了婚礼。

而当时没有人听说过毕加索。

而且，当时我怀孕了。

当年我十七岁。

却感觉自己老得像有五十岁。

1. 卡洛斯·卡萨吉玛斯（1881—1901），加泰罗尼亚画家，是毕加索的挚友。

1. 未来大街（Rue de l'Avenir）是1900年万国博览会期间设于巴黎街道上的一条自动人行道，全长3.5千米。

1. "A nous deux maintenant, Paris!" 语出巴尔扎克《高老头》,是野心家拉斯蒂涅向巴黎发出的战斗宣言。

1. 兰布达大道（Las Rambla）是西班牙一条著名街道，街头艺术家汇聚于此。

1. 维亚尔（Edouard Vuillard，1868—1940），法国先知派代表画家。
2. 埃德加·德加（Edgar Degas，1834—1917），法国画家、雕塑家。

诺内利,你好!

这里一直是天堂,但是最近卡洛斯过得有点不堪。

本来法国警察就在抓无政府主义者,他又这样放纵,总有一天会害我们一起被驱逐出境的。

他喝酒喝得很厉害,还在咖啡馆里打架生事……这一切都是因为蒙马特尔的一个婊子。

天知道她怎么就让他失魂落魄的。你能想象他们拌嘴吵架的场面吧。

总之,我深感咱们是时候去乡下休养一段时间了,好让这一切慢慢平息下来。

帕布罗没花多大劲,就说服了朋友:在西班牙呆一段时间对他有好处。

他们把姑娘们和画室委托给曼努埃尔·帕利亚雷斯照管。

他敢碰热尔梅娜,我就杀了他。

我一定要办一份卓绝的艺术杂志。

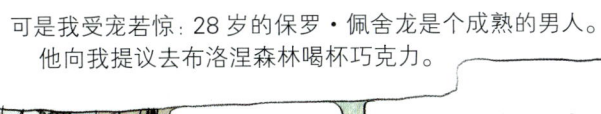

1. Toujours ça, que les Bosches n'auront pas! 是当时一句谚语，意即"努力加餐饭"，否则也是留给德国兵抢去。

1. 塞居尔伯爵夫人（Comtesse de Ségur，1799—1874），法国十九世纪儿童文学作家，法国儿童文学的创始人。

令人震惊的是,热尔梅娜竟然在这种场合把自己真正的丈夫带了出来。

我们正打算开始吃扇贝时,卡萨站起来了。

但是他并没有发表演讲,而是拿出了一把手枪。

他瞄准热尔梅娜。

这颗子弹是为你而准备的。

砰!

这一颗,则是给我的。

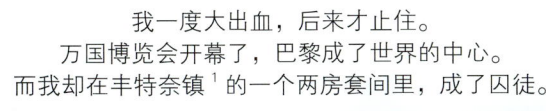

1. 丰特奈（Fontenay-sous-Bois），法国法兰西岛大区马恩河谷省的一个市镇。

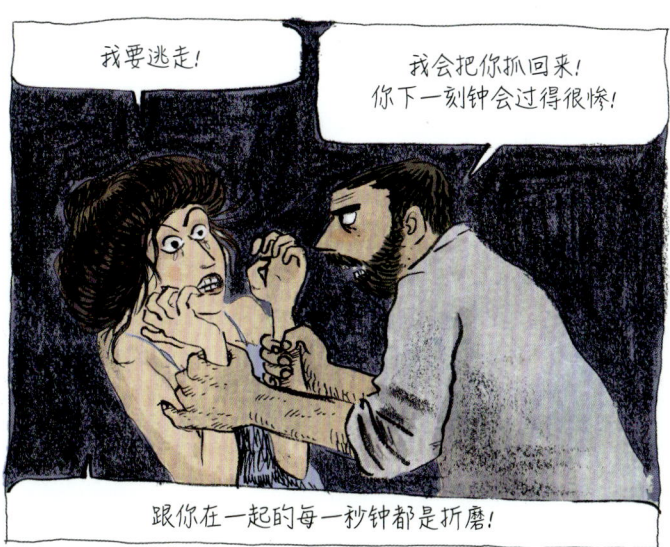

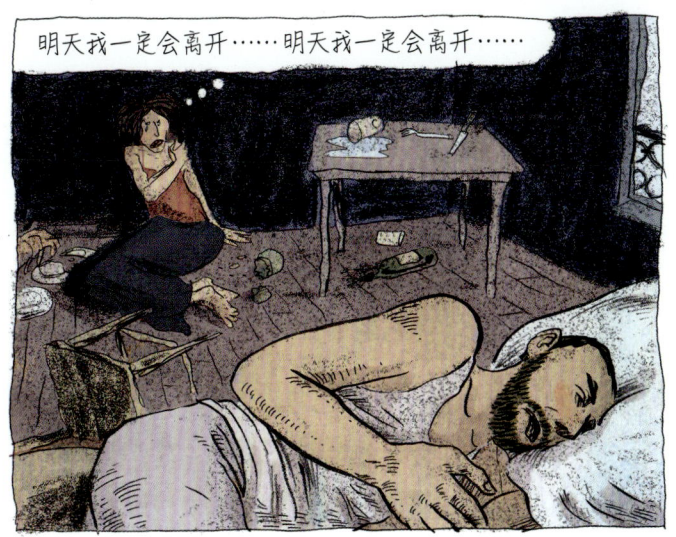

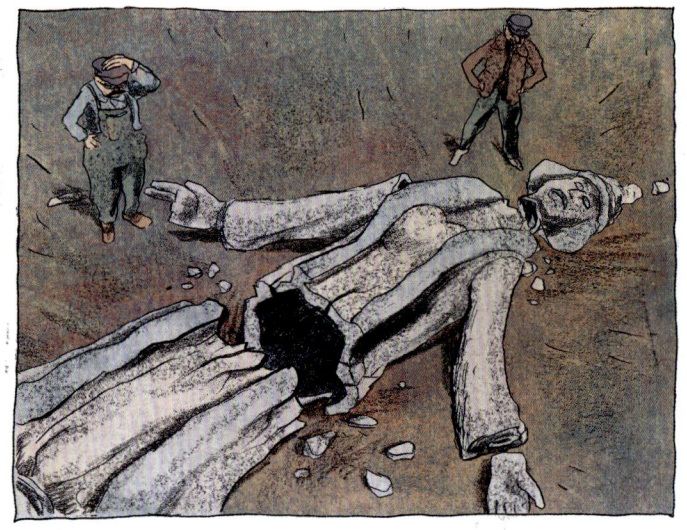

1901年6月25日，毕加索在享有盛誉的安布鲁瓦兹·沃尔拉画廊举办了他的第一次画展。

1. 加泰罗尼亚语:"当你想要亲吻时,就吻吧!"

1. 先知派（les Nabis）是一个后印象主义的先锋平面艺术流派，代表人物包括爱德华·维亚尔。"后先知派"乃杜撰。

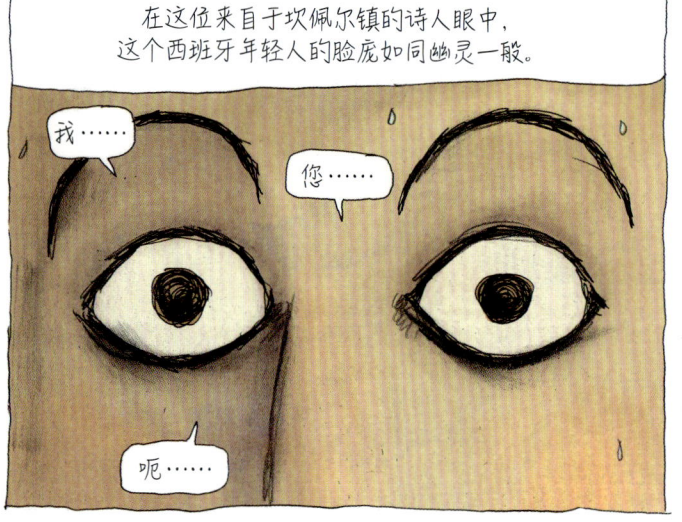

1. 魏尔伦（Paul Verlaine，1844—1896），法国诗人，是象征主义派别的早期领导人。

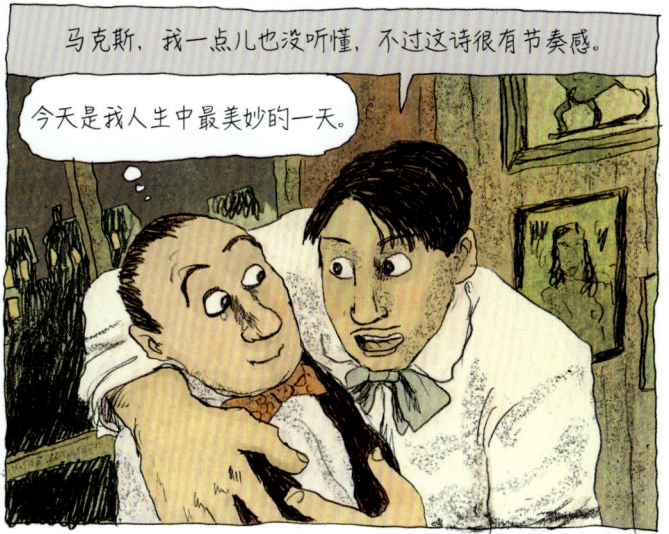

1. 丢勒（Albrecht Dürer，1471—1528），德国画家、版画家及木版画设计家。
2. 杜米埃（Honoré Daumier，1808—1879），法国画家、讽刺漫画家、雕塑家和版画家。
3. 加瓦尔尼（Paul Gavarni，1804—1866），法国素描画家、水彩画家、版画家。
4. 埃皮纳勒（Epinal），法国东北部城市，洛林大区孚日省省会，是法国著名的版画生产地。

"然吾泪已干!晓来人心碎!烈日也残酷,皓月亦无情。爱酒确浓烈,沉醉不知醒。啊!愿吾船迸裂!愿吾魂归海!"

"少小爱闲适,耽于尘网中。惜身似弱柳,光阴只虚度。"

"过往,若我记忆没出错的话,我的生命就像一场盛宴,与会的人们互诉衷肠,觥筹交错。某一夜,我拥美神于膝上。——我发现她很悲伤。——我侮辱了她。"

"她是否能使我不计较自己的雄心壮志不断被摧毁,生活宽裕的晚年能否弥补当年的贫困岁月,一朝的成功能否足以使我们无视自己天生笨拙之耻。"

"悠悠流淌吧,忧郁塞纳河的柔波,众桥下浊气笼罩,人来人往,如行尸走肉,可怖腐朽,巴黎正是谋杀其灵魂的凶手。"

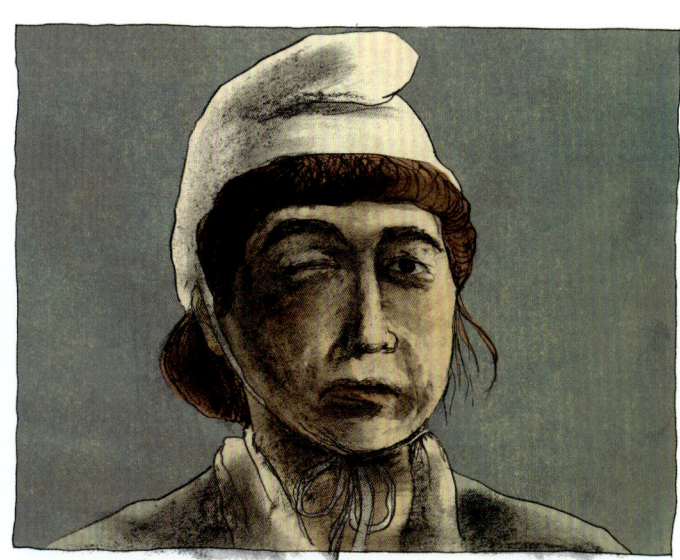

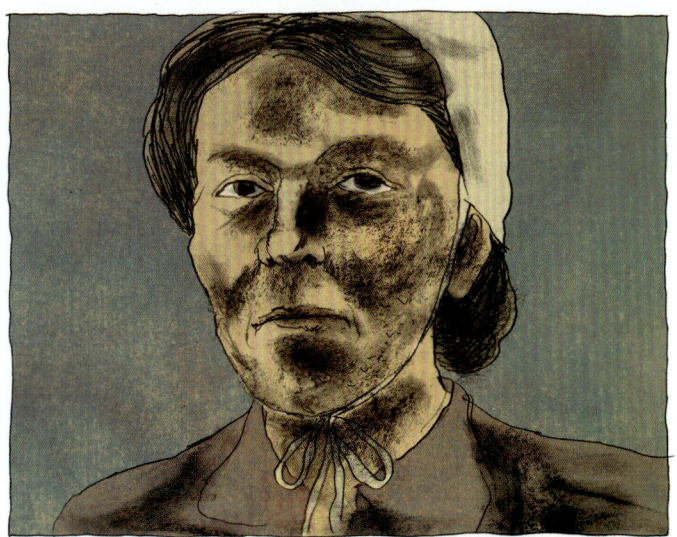

我的模特新工作进展得很顺利。
我跟这些学院派画家合作得非常好。

埃内尔只画红头发的女人……

麦克尤恩则把我打扮成荷兰女人,让我削各种蔬果。

博尔德,作为一位出色的为名流服务的肖像画家,画个模特还要摆挺大的排场,作画时他让我穿上他那些上流社会顾客的裙子。

老画家科尔蒙、眉毛呈倒 V 形的
亚历克西·阿克西莱特、样子呆呆的卡罗吕斯-迪朗、
大腹便便的好色之徒博尔迪尼……

发型酷似威廉·退尔[1]、酷爱画后宫场景的
罗什格罗斯、长得像猫头鹰的阿尔弗雷德·罗尔、
热衷上流社会生活的迪比夫……

1. 威廉·退尔(Guillaume Tell,德语中写作 Wilhelm Tell),是瑞士民间传说中的英雄。

这就是"洗衣船"大楼！乍一看这幢楼好像跟其他的大楼没什么不同。不过一旦走进去，你就会发现里面就是个名副其实的蚁巢：它拥有多条阴暗的走廊，上下共分四层，遍布偏僻角落，既神秘又潮湿。

大门正对着哈维尼昂广场，不过我们当时住在顶楼。

水井

菜园是蔬果小贩的，他是这里唯一一位不以艺术家自诩的房客。

从蒙马特尔高地上，人们可以呆上数小时远眺这座城市……高处空气清新，使人豁然开朗。

1. 卡巴拉（Kabbale），与犹太哲学观点有关的思想，用来解释永恒的造物主与有限的宇宙之间的关系。
2. 《光明之书》（Zohar），卡巴拉的主要著作之一。

77

1. 塞尚（Paul Cézanne，1839—1906），法国著名画家，是后期印象派的主将，被称为"现代艺术之父""造型之父"和"现代绘画之父"。
2. 鲁道夫·萨利斯（Rodolphe Salis，1851—1897），法国画家，"黑猫夜总会"的创办人。
3. 弗里斯（Othon Friesz，1879—1949），法国后印象派和野兽派画家。
4. 杜飞（Raoul Dufy，1877—1953），法国画家，擅长风景和静物画，早期作品先后受印象派和立体派影响，后以野兽派的作品出名。

1. 原文为发音不标准的法语。

(门上牌子内容由上到下:马诺洛在阿赞家;我在咖啡馆里,毕加索……等等。)

(门上牌子内容:诗人们聚会)

我还记得那味道：一种混合着潮气、煤油、灰尘和烟草的味道……创作的味道。
我觉得他跟洛朗的工作态度很不同。洛朗会花几个小时就自己的作品夸夸而谈，
但最后却只满足于把布盖回那尊永远不会完成的雕塑雏形上。

他怎么会有时间画这么多的画呢？这么多的女人……

来！

过来看看！

看看我的抽屉里有什么……

当我醒过来的时候,已经很晚了。我们一直到黎明时分才睡去,那时雨已经停了。

费尔南德……

1. 示巴女王（Reine de Saba），在希伯来圣经记载中，是一位统治位于阿拉伯半岛的示巴王国的女王，与所罗门王生活在相同年代。传说她拥有很高智慧。

(门上牌子内容:诗人们聚会)

1. 阿拉贡（Aragon），西班牙东北部的一个自治区。
2. 高更（Paul Gauguin，1848—1903），法国后印象派画家、雕塑家，与梵高、塞尚并称为后印象派三大巨匠。

1. 玛嬉喜舞（Matchiche），1870年左右在巴西逐渐形成的一种舞厅舞。
2. 伊莎多拉·邓肯（Isadora Duncan, 1878—1927），美国舞蹈家，现代舞的创始人，世界上首位披发赤脚在舞台上表演的艺术家，创立了一种基于古希腊艺术的自由舞蹈。

1. 梅德拉诺马戏团（Médrano），巴黎的一个马戏团。

1. 迈松拉菲特（Maisons-Laffitte），法国法兰西岛大区伊夫林省的一个市镇，位于巴黎西北部，离巴黎约18公里。

1. 萨德侯爵（Marquis de Sade，1740—1814），一位法国贵族，写过一系列色情和哲学书籍。
2. 荷马（Homère，约前9世纪—前8世纪），相传为古希腊的游吟诗人，创作了史诗《伊利亚特》和《奥德赛》，两者统称《荷马史诗》。

1. 希腊神话中斯巴达皇后丽达所生的一对孪生兄弟，兄弟情深，形影不离。
2. 勒韦西内（Le Vésinet），伊夫林省的一个市镇。

1. 萨拉戈萨（Saragosse），西班牙城市。

无视对手的招术!
这是斗牛高手才敢用的技巧。

1. 格雷瓜尔（Grégoire），法国的一个汽车品牌。

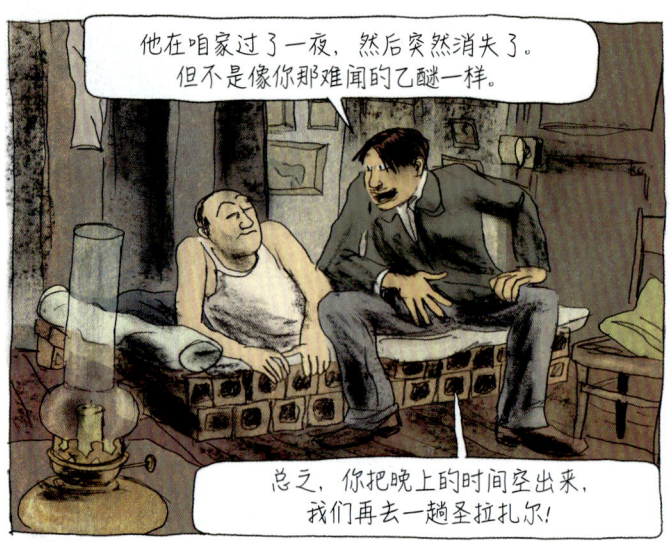

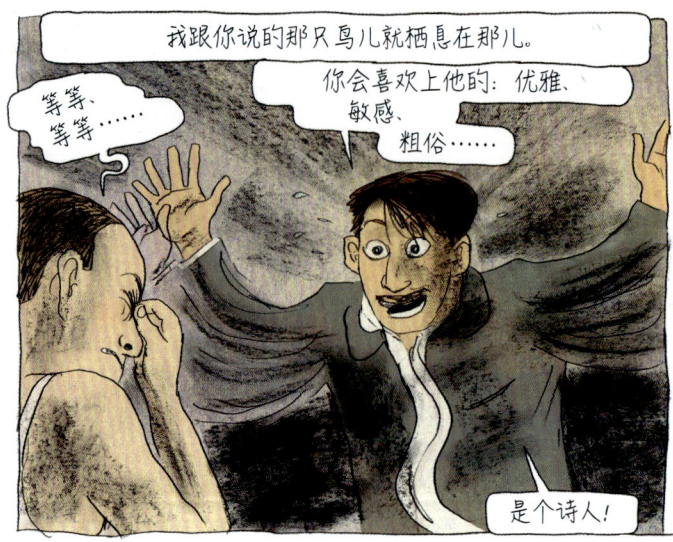

马克斯·雅各布、阿波利奈尔……帕布罗似乎天生善于掌控"三人行必有我师"的生活。

1. 朱尔·拉弗格（Jules Laforgue，1860—1887），法国象征主义诗人。

1. 阿尔弗雷德·雅里（Alfred Jarry，1873—1907），法国小说家、剧作家、记者，被视为超现实主义戏剧的鼻祖，欧洲先锋戏剧的先驱，对后世的达达主义、荒诞派戏剧、残酷戏剧都产生了深远的影响。
2. 于布老爹（Père Ubu），阿尔弗雷德·雅里的戏剧《于布王》（Ubu Roi，又译作《愚比王》或《乌布王》）里的主人公。

1. 卢梭（Henri Rousseau，1844—1910），法国后印象派画家，对后来的几代先锋艺术家有很大影响。

1. 马奈（Edouard Manet，1832—18830），法国画家，19世纪印象主义的奠基人之一。

1. 马里昂巴德（Marienbad），捷克城市玛丽亚温泉市的旧称。

1. 雷蒂夫·德拉·布列塔尼（Restif de la Bretonne，1734—1806），法国作家。

1. 咒语。

1. 阿登山区（les Ardennes），面积逾 10 000 平方千米的欧洲西北部森林台地，范围涉及比利时、卢森堡和法国。

1. 马蒂斯（Henri Matisse，1869—1954），法国著名画家，野兽派的创始人和主要代表人物，也是一位雕塑家、版画家。
2. 西涅克（Paul Signac，1863—1935），法国新印象派点彩派的创始人之一。

1. 指自1890年以来由法国国家美术协会举办的展览沙龙。

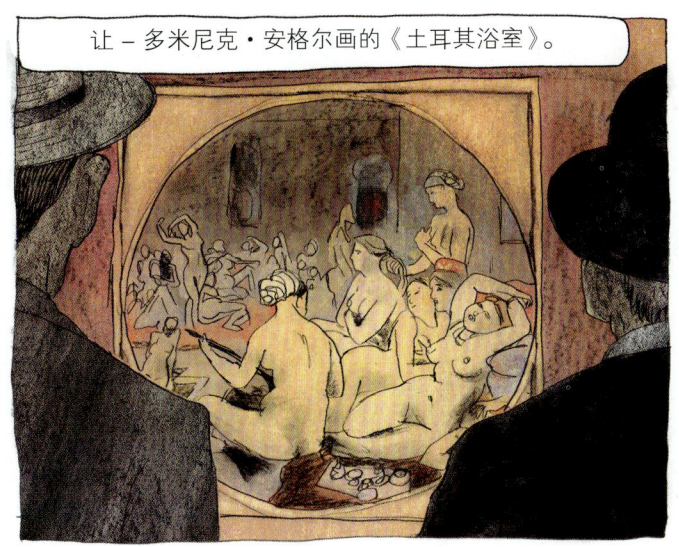

（书的封面：司汤达《论爱情》）

1. 《朱尔与吉姆》（*Jules et Jim*），是作家和收藏家亨利-皮埃尔·罗谢的半自传体小说，1953年被改编成电影。

1. 格特鲁德·斯坦（Gertrude Stein，1874—1946），美国小说家、诗人、剧作家和理论家。

1. 阿帕切人（Apaches），北美西南部印第安人，以劫掠农民为其特点。

1. 巴布亚人（Papous），太平洋西部新几内亚岛及其附近岛屿上的土著民族。

1. 舒芙蕾（soufflé），也有译为"梳乎厘"或"蛋奶酥"，是一种源自法国的烹饪方法，主要材料包括蛋黄及不同配料拌入经打匀后的蛋白，经烘焙质轻而蓬松。舒芙蕾可以做甜食和前菜或主菜。烤好的舒芙蕾要尽快品尝，否则会很快"漏气"，一般在 20 到 30 分钟之后会完全塌陷。
2. 此指出生于法国城市埃克斯（Aix-en-Provence）的画家塞尚。

1. 雷诺阿（Pierre-Auguste Renoir，1841—1919），法国画家，印象画派成员之一。以油画著称，亦作雕塑和版画。
2. 劳特累克（Henri de Toulouse-Lautrec，1864—1901），法国画家，善于描绘巴黎蒙马特尔地区的表演艺人。

1. 德尔斐（Delphes），一处重要的"泛希腊圣地"，即所有古希腊城邦共同的圣地，现已被列入联合国教科文组织的世界遗产名录。

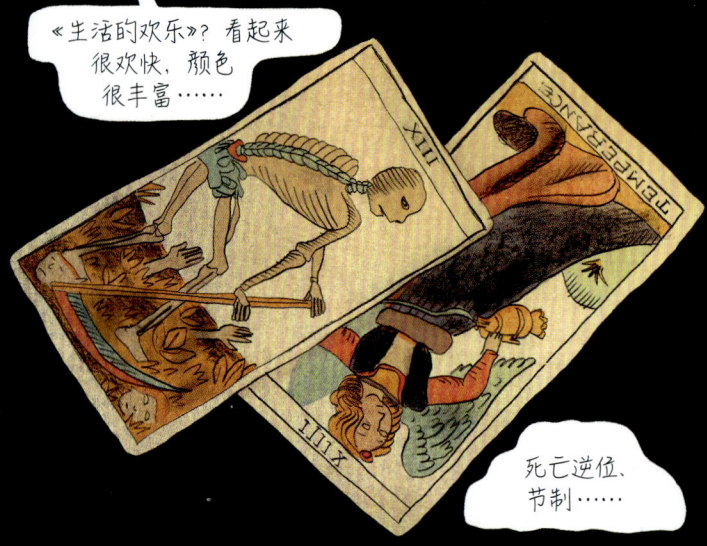

1 "圣杯五"与下文中的"命运之轮""教皇""愚者""太阳""死亡"和"节制"都是塔罗牌中的牌。
2 独立沙龙（Salon des indépendants），自1884年起每年在巴黎举办的一个画展，旨在展出一些艺术上有一定独立性的画家的作品。

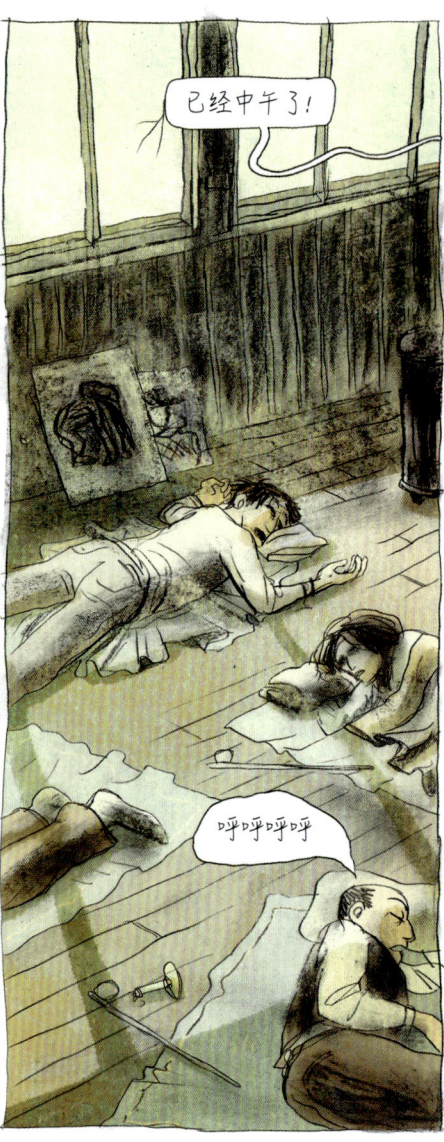

图书在版编目（CIP）数据

毕加索画传 . 1 /（法）朱莉·比尔曼（Julie Birmant）编；
（法）克莱芒·乌布雷（Clément Oubrerie）绘；罗莲译 . —— 长沙：湖南美术出版社，2018.8
书名原文：Pablo 1. Max Jacob Pablo 2. Guillaume Apollinaire
ISBN 978-7-5356-8088-4

Ⅰ.①毕… Ⅱ.①朱… ②克… ③罗… Ⅲ.①毕加索
(Picasso, Pablo Ruiz 1881–1973) – 传记 – 画册 Ⅳ.①
K835.515.72-64

中国版本图书馆 CIP 数据核字 (2018) 第 093886 号

Pablo 1 – Max Jacob
 DARGAUD 2012, by Julie Birmant et Clément Oubrerie
www.dargaud.com

All rights reserved
Pablo 2 – Guillaume Apollinaire
 DARGAUD 2012, by Julie Birmant et Clément Oubrerie
www.dargaud.com

All rights reserved
本作品中国地区版权由 DARGAUD 欧漫达高文化传媒（上海）有限公司 代理并授权银杏树下（北京）图书有限责任公司出版。
Simplified Chinese translation edition published by Ginkgo (Beijing) Book Co., Ltd
本书中文简体版权归属于银杏树下（北京）图书有限责任公司。
著作权合同登记号：图字18-2018-129

毕加索画传 1

BIJIASUO HUAZHUAN 1

编　　者：	［法］朱莉·比尔曼
绘　　者：	［法］克莱芒·乌布雷
译　　者：	罗　莲
出版人：	黄　啸
选题策划：	后浪出版公司
出版统筹：	吴兴元
责任编辑：	贺澧沙
特约编辑：	孟　蕊
营销推广：	ONEBOOK
装帧制造：	墨白空间·张莹
出版发行：	湖南美术出版社　后浪出版公司
印　　刷：	北京盛通印刷股份有限公司
	亦庄经济技术开发区科创五街经海三路 18 号
开　　本：	635×965　1/16
印　　张：	11
字　　数：	30 千
版　　次：	2018 年 8 月第 1 版
印　　次：	2018 年 8 月第 1 次印刷
书　　号：	ISBN 978-7-5356-8088-4
定　　价：	88.00 元

读者服务：reader@hinabook.com 188-1142-1266
投稿服务：onebook@hinabook.com 133-6631-2326
直销服务：buy@hinabook.com 133-6657-3072
网上订购：www.hinabook.com（后浪官网）

后浪出版咨询(北京)有限责任公司 常年法律顾问：北京大成律师事务所　周天晖 copyright@hinabook.com
未经许可，不得以任何方式复制或抄袭本书部分或全部内容
版权所有，侵权必究

本书若有质量问题，请与本公司图书销售中心联系调换。电话：010-64010019